CONSIDÉRANT

CONSIDÉRANT

Publié par G. HAVARD.

LES CONTEMPORAINS

CONSIDÉRANT

PAR

EUGÈNE DE MIRECOURT

PARIS — 1858

CHEZ L'AUTEUR

48, rue des Marais-Saint-Martin

Et chez tous les Libraires de France
et de l'Étranger

CONSIDÉRANT.

———

Vers la fin du dernier siècle, un obscur commis marchand, du nom de Charles Fourier, homme étrange en qui la nature s'était plu à réunir les plus hautes facultés intellectuelles et l'extravagance la plus colossale, s'avisa de découvrir que le christianisme et ses doctrines sévères avaient pris l'humanité à rebours et s'opposaient radicalement à l'essor de ses destinées.

« Le devoir, dit ce singulier apôtre, vient des hommes, et l'attraction vient de Dieu.

« Or, l'attraction, c'est la libre tendance de nos passions.

« Toute attraction est une chose naturelle, légitime, à laquelle il est impie de résister. Céder à ses attractions, voilà où est la vraie sagesse, car les passions sont comme une boussole permanente que Dieu a mise en nous. »

On n'accusera pas un pareil dogme de

s'envelopper systématiquement de ténè-
bres.

Fourier déclare que toutes les passions
de notre nature sont saintes et bonnes. A
l'en croire, elles ressemblent aux notes de
la musique, lesquelles ont chacune leur
valeur propre.

Il s'agit tout simplement de bien jouer
du grand instrument qu'on nomme l'humanité, de mettre les dissonnances à leur
place, de composer le clavier des passions,
des penchants, et l'on fait couler sur la
terre des flots de lait et de miel, et l'on
réalise tous les rêves de l'âge d'or chanté
par les poëtes.

Au retour de la campagne d'Egypte, Na-

poléon, frappé de la lecture d'une page,
tombée par hasard sous ses yeux, en fit
chercher l'auteur.

Mais on ne put le découvrir, personne
ne le connaissait.

Longtemps plus tard, en 1825, Fourier
ne comptait encore que deux adeptes au
fond de sa province : un sourd-muet et
une femme.

Quatre ou cinq mois avant la révolution
de Juillet, sa *Théorie des quatre mouvements* fut achetée sur le quai des Grands-
Augustins par un jeune élève de l'Ecole
Polytechnique.

C'était Victor Considérant.

Il venait de sortir de l'École un des premiers de la promotion.

Tête exaltée jusqu'à l'absurde, âme sèche et froide, esprit mathématique, il tombe en extase à la lecture des rêveries de Charles Fourier. Tous les arguments de ce fou lui paraissent déduits avec la précision de l'algèbre.

Aussitôt, dans le feu de son enthousiasme, il rédige un long article sur la doctrine phalanstérienne.

Le *Mercure de France* accepte cet essai bizarre, où un cerveau de vingt ans, enivré d'équations et de problèmes, expose avec délire la doctrine du maître inconnu, loi d'harmonie universelle destinée à unir dans un magnifique ensemble la nature tout entière, association mystique des éléments organiques, des corps inertes, des astres, des destinées terrestres, des passions, des couleurs, des sons, des animaux et des plantes.

Charles Fourier habitait alors Paris.

Il vivait dans un grenier, avec vingt-cinq sous par jour, qu'il gagnait en faisant des copies de lettres pour les négociants.

Étranger au mouvement positif des esprits et ne lisant jamais les journaux, il eut seulement connaissance au bout de six semaines de l'article publié par le *Mercure de France*.

Le bonhomme se rendit au plus vite

dans les bureaux, afin de connaître le disciple qui arborait sa bannière avec tant d'intrépidité.

On lui nomma M. Victor Considérant et on lui donna son adresse.

La première entrevue de ces deux personnages fut décisive.

Charles Fourier se trouvait en présence d'un jeune homme, à l'esprit vif et spontané, sceptique et railleur au fond, mais entraînant, familier, plein de fougue et plein d'ardeur.

Victor, au bout de quelques minutes d'entretien, le séduisit entièrement par son imagination bouillante et son imperturbable audace.

Il subjugua du premier coup ce vieillard, dont l'existence n'avait été qu'une longue vision, et qui, n'ayant jamais mis le pied sur le terrain des réalités, devait se laisser vaincre sans combattre par un caractère vif, subtil, prompt aux entreprises, qui lui promettait d'achever son œuvre avec l'initiative énergique de ses vingt ans.

— Maître, lui dit Victor, vous avez créé un monde : il faut maintenant que je le colonise !

Ambitieux jusqu'à la frénésie, Considérant n'avait qu'un seul but en acceptant les idées fouriéristes avec cette chaleur extrême : Il voulait arriver par une voie nouvelle et rapide.

Il rêvait le rôle de chef de secte.

— J'opposerai, se disait-il, le système nouveau à celui de Saint-Simon, dont le cercle d'influence grandit chaque jour, et je dresserai autel contre autel !

Comme beaucoup d'autres héros de ce siècle d'égoïsme et d'instincts matériels, il se préparait à incendier le monde pour faire cuire la marmite de son ambition.

Personne ne peut dépeindre ce que Charles Fourier eut à souffrir de la part de l'homme qui se proclamait déjà son successeur.

C'est un secret entre Dieu et lui.

Quand l'amertume débordait de son

âme, il s'épanchait, de temps à autre, dans le sein de quelques intimes et se plaignait du manque absolu de conviction de son disciple.

— Hélas ! murmurait le pauvre homme, Considérant propage notre doctrine comme il vendrait des denrées coloniales! C'est, de sa part, une industrie qui le fait vivre et qui l'aide à satisfaire ses passions. J'ai introduit le loup dans la bergerie. Que de mal il causera un jour !

L'homme simple et naïf que Victor Considérant appela son *illustre père*, mourut de faim dans une mansarde de la rue Saint-Pierre-Montmartre.

Son successeur prononça sur sa tombe un discours plein d'éloquence.

Considérant naquit en 1805, à Salins, ville du Jura. Son père était professeur de rhétorique dans un collège de l'Université.

Victor fit d'assez bonnes études littéraires; mais sa vocation l'entraînait vers les X et les A + B. Sa famille l'envoya à l'École Polytechnique en 1823. Il en sortit avec les épaulettes de sous-lieutenant du génie.

En 1834, il se trouvait à Metz avec le 2° régiment de ce corps.

Déjà, depuis cinq ou six ans, il avait répandu les théories fouriéristes dans le cercle de ses camarades de promotion. L'atmosphère de l'ancien collège de Navarre en reste fatalement imprégnée, et les souffles orageux de la politique n'ont pas eu la puissance de chasser de l'Ecole ces miasmes délétères.

Victor employa ses loisirs de garnison à prêcher la nouvelle doctrine aux officiers ses collègues.

Il ouvrit à Metz des conférences publiques qui obtinrent un certain succès de curiosité, mais ses supérieurs militaires ne goûtèrent point cette propagande.

Considérant se raidit contre leur intolérance.

Quelques actes d'insubordination, dont il se rendit coupable, le mirent tout à fait mal avec ses chefs. Il envoya sa démission au ministre de la guerre, la motivant, dit un journal de l'époque, sur les devoirs nouveaux que lui créait un système philosophique à soutenir et à développer par la voie de la presse.

Le maréchal Soult avait alors le département de la guerre. Il répondit à son subordonné :

« Monsieur,

« Le corps d'état-major a besoin de bons officiers comme vous. Je n'accepte pas votre démission ; mais je vous accorde un congé illimité. Si vous ne réussissez pas dans vos plans de réforme, vous viendrez reprendre dans l'armée le rang qui vous appartient.

Cette lettre parfaitement authentique est une preuve nouvelle de la complicité du Système dans le développement des sottes doctrines soulevées contre le Catholicisme. »

Louis-Philippe s'appliquait à susciter chaque jour au clergé, qu'il supposait lui être hostile, des embarras nouveaux.

Considérant revint donc à Paris.

Et, comme il se trouvait en demi-solde, c'est-à-dire à peu près sur le pavé, son premier soin fut de créer, conjointement avec Charles Fourier, un journal qui avait pour titre : *le Phalanstère.*

On le devine, ce journal se donnait mission de répandre dans le public les idées de la nouvelle école.

Autour d'eux se groupent quelques prosélytes, hommes d'intelligence fourvoyés ou ambitieux, aspirant à devenir exploiteurs.

Mais l'église phalanstérienne comptait surtout au nombre de ses amis les avocats dédaignés par la veuve et l'orphelin, les littérateurs échoués, les médiocrités prétentieuses, les paresseux et les ignorants.

Une propagande active travaille les provinces.

Tous les niais, tous les badauds, tous les esprits inquiets et avides de nouveauté

viennent grossir les rangs d'une secte,
dont les rêves égalitaires flattaient les ma-
nies chimériques de notre époque.

La plus importante recrue de l'école
fouriériste, fut M. Jules Chevalier, qui re-
nonça traîtreusement à ses premières
amours saint-simoniennnes et au Père
Enfantin.

Disons ici que Fourier, utopiste plein
de désintéressement, n'avait cru faire
qu'une prophétie à longue échéance. Il
pensait qu'un laps de temps considérable
nous séparait encore des âges d'harmonie.

Telle n'était pas l'opinion de Victor Considérant.

Le noble disciple ne voulût pas déshériter le présent au profit de l'avenir. Il résolut d'exploiter sans retard, et sur une large échelle.

Voyant s'augmenter chaque jour le nombre des prosélytes, il ne se contenta plus des cotisations mensuelles qui, dans le principe, avaient soutenu le journal et nourri ses fondateurs.

Décidé à frapper un grand coup, il décréta la fondation du premier phalanstère.

Un membre de la Chambre basse, M. Baudet-Dulary (quel nom de prédestiné!) consacra presque toute sa fortune à la réalisation des théories attrayantes et passionnelles.

De vastes terrains situés à Condé-sur-Vesgres furent mis par cet honorable et par MM. Devay frères à la disposition des disciples de Fourier.

On commença les travaux.

Les friches furent données en culture, et l'on construisit quelques bâtiments d'exploitation rurale.

Mais l'expérience n'aboutit qu'à la ruine de ceux qui en supportaient les frais. Il en fut de même de nouvelles tentatives, postérieurement faites en Belgique et au Brésil.

A la mort de Fourier, survenue en 1837,

Victor Considérant se proclama le grand-prêtre de l'église phalanstérienne.

Toutefois, comme cela avait eu lieu chez les saint-simoniens, il ne recueillit pas à l'unanimité la succession du maître.

Il y eut schisme.

Certains dissidents assez nombreux, groupés autour d'un M. Édouard de Pompery, combattirent l'usurpation et publièrent journal contre journal.

Malgré les échecs essuyés par nos faiseurs, lorsqu'ils avaient voulu réduire en pratique leurs belles théories, le nombre des adhérents s'accroissait tous les jours.

Les simples veulent être trompés.

Si le *Phalanstère* cessa de paraître, la *Phalange* prit bientôt sa place.

D'ailleurs, à l'exemple des fils de Saint-Simon, nos fouriéristes usaient pleinement de l'intrigue et du charlatanisme pour arriver à la propagation de leurs principes.

Eux aussi donnaient des fêtes, des bals, des concerts dans ce magnifique hôtel de la rue de Tournon, où s'était alors installée leur école, et qu'une de nos célébrités médicales, M. le docteur Philippe Ricord, habite aujourd'hui.

Le succès prodigieux des autres sectes et les fortunes brillantes amassées en un clin d'œil par les ex-disciples du Père

Enfantin excitèrent les convoitises et favo-
risèrent beaucoup sans doute la rapide
extension du fouriérisme.

Mais la coupable connivence du pouvoir
y contribua plus que toute autre chose.

Outre la satisfaction qu'il éprouvait à
molester l'Eglise, le gouvernement de 1830
avait un autre motif d'honorer de ses sym-
pathies la propagande, audacieuse de ces
folles doctrines. Il s'imaginait établir, avec
leur secours, une diversion salutaire aux
tendances démocratiques que l'opposition
développait de plus en plus dans certaines
couches de la société.

Comme le saint-simonisme, la religion
de Fourier n'était effectivement, avec
d'autres principes et sous d'autres formes,

que l'anéantissement complet, absolu de la liberté et de la spontanéité individuelle, c'est-à-dire l'idéal du despotisme et de l'esclavage.

L'ordre de choses, créé en juillet, ne voyait aucun péril à laisser circuler des systèmes qui semblaient servir très-utilèment les intérêts de sa politique.

D'ailleurs, les divers organes de la secte fouriériste faisaient à l'idée républicaine une guerre impitoyable, autant et mieux que les feuilles à la solde de la rue de Jérusalem.

Qui sait? Comme elles peut-être ils étaient payés pour cette honnête besogne.

La caisse des fonds secrets a tant de mystères et s'ouvre à tant de monde !

Afin d'édifier le lecteur à cet égard, nous allons ouvrir un livre très-curieux, publié par M. Considérant, de 1834 à 1838, et qui s'intitule *Destinée sociale*. L'auteur, après avoir prouvé que la République est une chose absurde, impossible, digne de la haine de tout homme intelligent, finit par traiter les républicains de *requins* et de *voleurs*.

C'est comme nous avons l'avantage de vous le dire.

Ah ! si jeunesse savait !

L'œuvre est dédiée au roi Louis-Philippe,

à-titre de chef du gouvernement, de premier propriétaire de France, et comme au personnage le plus intéressé à l'ordre, à la prospérité publique et particulière, au bonheur des individus et des nations.

Vous pourrez y lire ceci :

« Quant aux soldats de la République, ce sont en général des caractères ardents, — les uns ambitieux, roués, poussant aux agitations, parce qu'ils ont confiance dans leur courage personnel, dans la force de leurs poignets pour se faire jour et s'élever très-rapidement et très-haut, quitte à tomber très-rapidement et très-bas, ainsi que cela se voyait il y a quarante ans, ils en

1. Page 277.

acceptent la chance ; — les autres, ardents
aussi, rêvant le bien par la République,
sans se rendre compte de ce que serait en
réalité une République, si l'on en bâclait
une aujourd'hui en France..»

Mais voici quelque chose de plus édifiant
sur l'émancipation politique des masses

« Où en est-on de nos jours? A persuader à la nation qu'elle doit, pour son bonheur, concéder à tous les citoyens les
droits politiques d'élection et d'éligibilité.
En présence des affreuses réalités d'ignorance, de grossièreté, d'incapacité, de misère surtout, il faut que la politique soit
bien impudente pour avoir le front de
leurrer la nation à ce point, et que la nation

soit bien sotte et bien niaise pour se laisser *matagraboliser* ainsi! Le beau et ingé-
nieux moyen, pour remplir les estomacs
du peuple, que de lui concéder les droits
politiques! Le beau moyen pour lui donner une instruction large, l'attacher aux
bonnes mœurs, lui procurer un travail lu-
cratif; le beau moyen, en vérité, par l'élection primaire!! »,

Ouvrez le volume à la page 437.

Après avoir tracé un tableau rapide des
excès de la révolution française et flétri les
doctrines démagogiques des Montagnards
de 93, M. Victor Considérant s'écrie :

... « Oh! pitié! pitié! Et c'est sur ces
cadavres que les vers n'ont pas achevé de

ronger; c'est en présence de ces mêmes
signes des temps dont l'apparition a pré-
cédé ces épouvantables catastrophes, c'est
aujourd'hui que des rhéteurs amoureux
de popularité s'en viennent perfidement
caresser les passions démocratiques de la
jeune génération par de délirantes paroles,
et mentir effrontément au bon sens, pour
avoir occasion de *palabrer* et de *plaventrer*
devant elle!... Holà! vous qui parlez, vous
répondrez de vos paroles! »

Abstenons-nous pour l'heure de toute
espèce de commentaires.

M. Considérant ne tarda pas à recevoir
la récompense de ses principes *honnêtes*.

En 1842, il fut nommé par la bourgeoisie membre du conseil général de la Seine.

Quelque temps après, on le vit se présenter à la députation dans le département du Haut-Rhin, avec l'appui de la préfecture, qui fut toutefois impuissante à le faire nommer.

Ne soyez point surpris de cette bienveillance du pouvoir envers M. Considérant, car, à cette époque, il était devenu le propriétaire et le rédacteur en chef d'un journal quotidien de Paris.

C'était un homme à ménager.

L'importance d'une pareille tribune dans la sphère des intérêts politiques n'avait pas échappé au flair de l'ambitieux chef de secte. Il avait organisé depuis trois ans, à cet effet, une quête générale et permanente, et bientôt le but qu'il se proposait fut atteint.

La quête finie, on compta.

Plusieurs centaines de mille francs étaient en caisse, et la *Démocratie pacifique* prit naissance.

Victor, en sa qualité de grand-maître de l'ordre, se constitua, de l'assentiment de ses disciples, une rente viagère de cinq mille francs avec les capitaux qui se trouvaient sans emploi dans le journal.

Il faut que tout le monde vive.

Au moyen de la *Démocratie pacifique*, l'influence du successeur de Fourier s'accrut singulièrement, et la secte accomplit des progrès merveilleux. De nouveaux adeptes firent affluer l'argent dans les coffres du phalanstère, qui s'ouvraient devant chaque recette avec une avidité toujours croissante.

La *petite correspondance* de cette feuille restera longtemps célèbre dans les annales du puff et de la mystification.

En moyenne, chaque numéro contenait vingt réponses du genre de celle-ci :

« A Monsieur Auguste E, à Lyon : — Reçu les 207, merci. Bon courage, continuez. Le jour du triomphe approche.

Vous êtes évidemment destiné à de grandes choses. »

Ou bien encore :

« A Monsieur B..., à Marseille : — Votre lettre est d'une intelligence d'élite. Nous sympathisons de cœur avec vous et nous ne manquerons pas de mettre à profit vos judicieuses observations. Jusqu'aujourd'hui nous n'avons pas encore reçu les 150 annoncés. Vérifiez à qui la faute, etc., etc. »

Le truc, comme on voit, consistait à provoquer chez les frères, par ces épanchements naïfs et par ces confidences si sincères, la productive manie de l'imitation.

QUINZE CENT MILLE FRANCS forment le

total des sommes englouties par la *Démocratie Pacifique*, jusqu'au moment de sa
chute.

Ce sont les chiffres officiels.

Le chapitre des dépenses, resté secret,
nous échappe, et le plus merveilleux de la
chose, c'est que jamais disciple désillu-
sionné ne s'avisa de se plaindre d'avoir été
pris pour dupe..

Ah ! c'est un excellent métier que celui
de réformateur et de prophète !

Si vous voulez savoir avec quel judicieux
exposé de doctrine et avec quelles superbes
descriptions on amenait toutes ces finances,

daignez lire les quelques lignes qui vont suivre :

Elles sont l'analyse succincte d'un grand article publié par l'*Illustration* du 7 mars 1846.

LE PHALANSTÈRE.

Sur les bords fortunés d'un beau fleuve, au sein de la campagne la plus fertile et la plus riante, s'élève, — c'est-à-dire s'élevera quand l'harmonie règnera sur la terre, — l'imposant édifice de la société nouvelle. L'ordonnance en est noble, élégante, sévère. Nulle part l'utilité n'y est sacrifiée ou la beauté négligée. Le palais est double dans son étendue, et de vastes cours plantées d'arbres verts sont renfermées dans son enceinte.

Au milieu du bâtiment principal se dresse la *tour d'ordre*, siége du télégraphe, de l'horloge, de la bannière et des signaux. A droite et à gauche se développent des ailes gracieuses, repliées sur elles-mèmes en fer à cheval.

Une large galerie ornée de fleurs et des chefs-d'œuvre de l'industrie, étend sa colonnade autour de l'édifice à la hauteur du premier étage, se projette dans les airs au-dessus du jardin, et offre entre les diverses parties du phalanstère des communications faciles, à l'abri des intempéries, chauffées en hiver, aérées en été.

La disposition intérieure du bâtiment

est aussi sage que l'aspect en est beau; les ailes sont consacrées aux métiers incommodes et bruyants. Au centre se trouvent les salles de repos et d'étude, là bourse... — Quoi! une bourse encore en harmonie! nous n'en serons pas délivrés? — Rassurez-vous, ce sera la bourse du travail. Le capital rapportera cent pour cent, ce qui n'empêchera pas le travailleur de gagner au moins cinquante francs par jour.

A côté de la bourse, le théâtre et le temple, à l'usage de ceux qui en éprouveront le besoin. Leur nombre diminuera chaque jour, et le temple finira par être métamorphosé en une salle de concerts.

Les cours ombragées servent de promenade aux vieillards et aux convalescents.

Elles présentent aux regards charmés des tableaux enchanteurs du genre de ceux que les civilisés ont la petitesse de réléguer à la Salpétrière et aux Petits-Ménages.

Dans cette heureuse demeure vivent seize à dix-huit cents personnes, travailleurs associés, trouvant dans cette association des bénéfices assez considérables pour pouvoir assurer au dernier d'entre eux un minimum suffisant en toutes choses (nourriture, vêtements, logement, ustensiles); une garantie de bien-être qui le délivre de toute inquiétude pour lui et les siens.

La misère est donc abolie, et la richesse assurée à la société.

Voyez en effet. Pour les trois cents familles d'un village, il faut trois cents greniers, autant de caves, autant de cuisines. Associées, elles n'ont plus qu'un seul grenier, qu'un seule cave et qu'un feu. Cent laitières qui vont perdre cent matinées à la ville sont remplacées par un petit char suspendu portant un tonneau de lait. Cent cultivateurs qui vont avec cent charettes, un jour de marché, perdre cent journées dans les halles et les cabarets, sont remplacés par trois ou quatre chariots que deux hommes conduisent.

Au lieu de trois cents ménagères, dix femmes suffisent à la préparation des aliments et aux détails domestiques. Économie de temps, économie d'argent; le profit ne peut pas manquer d'être énorme, et tout, d'ailleurs, est mieux fait.

La culture, par exemple, n'est-elle pas supérieure ? Obligés de consulter leurs besoins, les petits propriétaires ne peuvent obéir aux convenances naturelles. L'un met en prairie telle pente propre à la vigne ; l'autre place le froment où conviendrait le fourrrage. Les trois cents familles perdent leur temps et leur frais à se barricader par des clôtures ; la crainte du vol oblige à des récoltes intempestives. Partout l'intérêt particulier s'oppose au bien public. La culture intégrale du sociétaire échappe à tous ces inconvénients ; elle n'a jamais à subir les chances de l'ignorance ni les nécessités de la pénurie individuelle.

D'ailleurs, à côté de cette économie générale, premier fruit de l'association, se trouve une autre source de richesses, bien plus grande encore : c'est l'attrait surprenant que chacun des associés ressent pour le travail.

Oui, dans le phalanstère, le travail est devenu un plaisir, et l'on s'y livre avec passion.

Chacun d'abord ne suit que son goût, c'est-à-dire qu'il adopte tel ou tel mode de travail, selon son inclination naturelle; puis, pour éviter la monotonie, de deux heures en deux heures, il passe à un autre ordre d'occupation, et cette rapide succession renouvelle, ranime l'intérêt et le zèle.

Enfin les travailleurs se trouvent toujours réunis en grand nombre, groupés et séries. Seul, on se ralentit, on se décou-

rage aisément ; en commun, au contraire,
le travail se fait avec émulation, avec ardeur ; les forces s'exaltent et se doublent.

A côté de cette émulation enthousiaste,
quels sont les *centres véhicules inhérents à
l'esprit de série*, comme dit, Fourier ? Ces
véhicules ce sont les passions, les passions
de toute espèce, celles de l'âme et celles
de la chair, qui non-seulement ne sont plus
bridées, mais se trouvent excitées, irritées,
chacune d'elle étant considérée comme un
ressort divin.

Peut-être, par exemple, avez-vous regardé jusqu'ici la gourmandise comme
une passion assez brutale et assez immonde.
Eh bien, dans le phalanstère elle est honorée, encouragée, développée, comme lé

sont les belles passions de l'honneur et de
la gloire. Chacun doit faire du soin de sa
table une affaire de la plus sérieuse importance, afin de piquer le zèle de ceux qui
produisent.

Même ce n'est pas assez d'être gourmet,
il faut que l'habitant du phalanstère dé-
veloppe quelque peu les forces de son es-
tomac. Le travail attrayant multiplie les
produits. Si on ne les consommait pas, le
travail, devenant inutile, cesserait d'être
passionné, et la société serait frappée au
cœur. « Si les harmoniens, dit Fourier,
étaient limités à la dose d'appétit des civilisés, quel emploi feraient-ils d'une masse
de denrées septuple de la nôtre? Chacun
doit s'intriguer pour exciter chez le peuple
un appétit fréquent, une prompte diges-

tion. Grâce à ce régime nouveau, les forces humaines doivent être doublées, triplées, et cent jeunes filles harmoniennes pourront terrasser cent grenadiers de nos jours. »

Après la gourmandise, la passion que la loi phalanstérienne s'efforce le plus de développer, c'est l'amour.

Dans la phalange, chaque homme sera libre de posséder toutes les femmes, et chaque femme tous les hommes. Cette licence ne peut leur être refusée. Elle sera même honorée; elle est un devoir aussi bien qu'un droit.

Pourtant, au milieu de cette promiscuité universelle, la loi reconnaît trois titres principaux, trois sortes de possessions pour ainsi dire conjugales :

Les *favoris* et *favorites* en titres,

Les *géniteurs* et les *génitrices*;

Les *époux* et les *épouses*.

- Ces derniers doivent avoir au moins deux enfants l'un de l'autre; les seconds n'en ont qu'un; les premiers n'en ont pas. Une femme peut avoir à la fois un époux, un géniteur, un favori, plus de simples possesseurs qui ne sont rien devant la loi et dont le nombre n'est pas limité.

C'est ainsi qu'en harmonie tout s'exécute avec l'entraînement de la passion. Les travaux les moins agréables comme

les plus nécessaires ne font pas exception
à la règle générale.

Mais, allez-vous dire, il y en a de si ré-
pugnants que personne ne s'y trouvera
prédestiné. Immense erreur! Fourier,
ayant vu un jour des enfants se crotter à
plaisir, en conclut aussitôt que cet âge ai-
mait la malpropreté et qu'il avait, par
exemple, une attraction passionnée pour
le curage des égoûts. De là l'enrôlement
des adolescents dans les *petites hordes* et
les *petites bandes*, ou séries de malpropre-
tés, divisées en *sacripans* et *sacripanes*,
chenapans et *chenapanes*, *garnements* et
garnementes, etc.

Voulez-vous juger des immenses bénéfices que doit produire le travail attrayant

Fourier a fait à ce sujet un simple calcul, par lequel il démontre qu'aussitôt l'harmonie établie sur le globe, les poules pondront par année pour cinquante milliards de francs. L'Angleterre payera intégralement sa dette rien qu'avec le produit du tiers des œufs.

Maintenant, comment se partage cette masse énorme de bénéfices?

Il n'y a plus de salaires bien entendu. Tous les associés sont rétribués par dividendes. La part est faite à chacun des trois agents de la production, *capital*, *travail*, *talent*, en raison directe de l'utilité et en raison inverse de l'attrait.

Le travail est la faculté industrielle la

plus rétribuée, parce qu'il est la plus né
cessaire ; le *talent* l'est moins que les deux
autres à cause de ses agréments. Les travaux se distinguent, d'après le même principe, en nécessaires, utiles et agréables ;
les plus rebutants et les plus pénibles sont
les mieux rétribués. En dernier lieu se
trouve le *talent*, dont la part serait encore
assez riche, telle que Fourrier la lui a
faite. Chaque phalange voterait à Franklin
TROIS FRANCS pour l'invention du paraton-
nerre ; — UN FRANC à Racine pour la tra-
gédie de *Phèdre ;* — DEUX sous à Lebrun
pour sa plus belle ode, — UN SOU à Haydn
pour sa meilleure symphonie. De cette façon, pour peu que les phalanges s'élevas-
sent au chiffre qu'a rêvé Fourier, celui
de trois ou quatre millions, vous voyez

que les hommes de talent se feraient encore d'assez beaux honoraires.

Quant à là constitution hiérarchique de l'harmonie phalanstérienne, les titres de souveraineté s'échelonnent depuis l'*unarque* qui commande à une phalange jusqu'à l'*omniarque* qui est l'empereur du globe. (La phalange métropolitaine est située sur les rives du Bosphore.) Il y a aussi le *duarque* qui règne sur quatre phalanges, le *triarque* sur douze, le *tétrarque* sur quarante-huit, et le *douzarque* sur un million de phalanges.

Cette souveraineté est alternée, élective, périodique, mobile, capricieuse; elle ne pèse point, n'offusque point, ne comporte aucune attribution monarchique.

La cosmogonie n'est pas la moins inté-
ressante partie du système.

Regardant notre globe comme malade,
Fourier prétend s'en faire le médecin, le
guérir, lui rendre sa force primitive, c'est-
à-dire améliorer les terrains, donner de la
régularité aux saisons, réchauffer et ra-
jeunir le monde, grâce à une couronne
boréale, espèce d'anneau semblable à celui de Saturne, qui se fixera sur le pôle
nord, dissoudra ses glaces et rendra ses
mers navigables. Alors les orangers fleu-
riront dans la Sibérie ; les flots de l'Océan
perdront leur amertume et se changeront
en une boisson agréable. L'existence hu-
maine deviendra deux fois plus longue ;
nous acquerrons des sens inconnus, et
même il nous poussera des membres iné-

dits. Pour comble d'avantages nous aurons une lune nouvelle, à la place de cette vieille et décrépite planète, dont nous avions eu jusqu'ici la sottise de nous contenter...

Et cætera !.et cætera !!!...

Après avoir lu cet exposé du système, ne vous semble-t-il pas, chers lecteurs, être sous l'influence d'une sensation analogue à celle qu'on éprouve au sortir d'une maison de fous?

Voilà cependant à quelles promesses venaient se prendre les disciples de M. Victor Considérant!

Tous ces moutons phalansthériens récla-
maient à grands cris la mise en pratique
de la théorie harmonienne. Les temps
étaient propices, l'argent abondait, les
âmes crédules affluaient chaque jour plus
nombreuses.

On se décida à un nouvel essai, qui eut
lieu en Bourgogne, à Cîteaux, dans les bâtiments et sur les terres de l'ancienne ab-
baye de ce nom.

Monsieur Victor assurait que le phalanstère de Condé-sur-Vesgres n'avait avorté
de cette façon misérable, que faute d'un
capital suffisant. Il s'arrangea pour ne plus
tomber devant les mêmes obstacles.

Un riche anglais, Arthur Young, tint à

honneur de payer tous les frais de l'entre-
prise, et se chargea de la diriger.

En huit mois, l'honob lera gentleman
avait dépensé huit cent mille francs.

La propriété fut vendue aux enchères,
afin de désintéresser les créanciers, et la
colonie, se dispersant au plus vite, laissa
le pauvre insulaire se tirer comme il
pourrait de ce désastre.

Néanmoins on ne se décourageait pas à
Paris.

Une crise passagère contraignit bien
l'école fouriériste à déserter son aristocra-
tique demeure de la rue de Tournon, pour
se loger provisoirement dans un assez modeste rez-de-chaussée de la rue de Seine;

mais les prédications allaient leur train; mais les écus recommencèrent à pleuvoir dans la caisse béante de la *Démocratie Pacifique*, et bientôt on eut de quoi se pourvoir d'un local plus convenable.

Monsieur Victor et sa suite transportèrent leurs dieux Lares dans cet hôtel de la rue de Beaune, occupé aujourd'hui par le *Cercle agricole* [1].

Au plus fort de la splendeur de son

---

1. En 1846 et 1847, Eugène Sue était un des auditeurs les plus assidus et les plus fervents des conférences fouriéristes de la rue de Beaune. On le regardait là comme le moraliste par excellence, et Considérant disait : « Le livre le plus moral qui ait paru dans ce siècle, ce sont les *Mystères de Paris*. Fleur-de-Marie est une révolution sociale. » Cette ignoble et scandaleuse épopée était bien digne de leur admiration!

journal, notre utopiste charlatan contract mariage avec mademoiselle Clarisse Vigou-reux, fillè d'un bas-bleu fouriériste, auteur des *Paroles de Providenee*.

Quelques mois après éclate la révolution de février.

Considérant voit dans l'agitation des es-prits une occasion favorable pour propager ses doctrines. Il se mêle au mouvement en toute hâte, et la *Démocratie pacifique*, organe exclusif jusque-là d'une théorie abstraite, devient subitement l'une des feuilles révolutionnaires les plus exaltées.

Le même homme qui, sous la monar-chie, répudiait dans ses ouvrages toute affinité avec les républicains, se montre fougueux clubiste et s'efforce de persuader aux masses que la formule phalanstérienne est la République dans toute sa perfection.

Il parvient à séduire quelques enthousiastes.

Puis, ne se contentant plus du rôle de chef de secte, il se lance dans la carrière politique, grâce à son élection de représentant à l'Assemblée constituante.

Nous n'entrerons pas dans tous ses actes publics, à dater de cette époque; le détail en serait trop long.

Qu'il nous suffise de rappeler en deux mots les infructueuses tentatives du grand-prêtre du phalanstère pour convertir à la religion de Charles Fourier ses collègues de la Chambre.

La tribune servait de chaire à cet apôtre ambitieux; mais ses discours n'obtenaient pas le moindre succès.

Enfin, un jour, on le somme d'expliquer clairement sa doctrine, de dire en quoi elle consiste, quelles en sont les bases positives, et quels résultats elle peut donner, si on la débarasse de tout le fatras de paroles et de toutes les excentricités ridicules dont il l'enveloppe aux yeux du vulgaire.

Pressé de mettre son idée à nu, le disciple de Fourier réclame cinq séances de nuit[1] pour accomplir cette tàche, condition *sine quâ non*.

Déjà nos lecteurs le devinent, son infaillible panacée consistait à transformer les quarante mille communes de France en autant de phalanstères, régis par la loi du travail attrayant et passionné.

La proposition croula sous les rires de l'Assemblée.

A une autre époque, il sollicita du gouvernement le château et la forêt de Saint-Germain, pour y établir un phalanstère modèle, offrant, en cas d'insuccès, de se rendre à Charenton.

1. Afin, disait-il, de ne pas nuire aux travaux ordinaires de l'Assemblée.

Les ministres lui répondirent qu'il y avait déjà assez de fous à traiter.

Cette réponse lui parut impertinente.

Il porta sa requête à la Chambre, où elle reçut un accueil plus brutal encore.

Si notre fouriériste s'était borné à demander une subvention modeste de quinze cents à deux mille hectares, à défricher et à phalanstériser en Algérie, l'Assemblée n'y eût peut-être pas regardé de si près. Mais comme il s'agissait de distraire de la fortune publique une valeur immédiatement réalisable de plusieurs millions, on ne lui fit pas même l'honneur de discuter sa proposition.

La Chambre passa à l'ordre du jour pur et simple.

Victor Considérant fut un des orateurs les plus excentriques de 1848.

Il y avait, un 'soir', chez Lemardelay, grande réunion de représentants de la Montagne. On s'entretenait de l'attitude des membres de l'Assemblée nouvelle.

— Citoyens, disait Victor, nos neuf cents commis font de triste besogne! Ils s'arrêtent à la surface politique, au lieu de creuser et de fouiller l'élément social jusqu'au tuf, au lieu de percer avec les sondes de l'observation les couches profondes de peuple.

— Le diable m'emporte! s'écria fort grossièrement le citoyen Nadaud, maçon élu par la Creuse, à entendre parler ce gaillard-là, on croirait qu'il demande une république artésienne!

Suivant le célèbre Victor, tous les codes humains étaient faux par cela même qu'ils existaient.

— Je vous certifie, disait-il, que si la société était établie dans ses conditions normales, elle fonctionnerait d'elle-même, sans cet amas de prescriptions et de restrictions législatives. C'est pourquoi, à ces codes humains, rédigés au hasard, adoptés par convention et maintenus par la force, il faut se hâter de substituer le vrai droit, le droit naturel, le droit *émané de Dieu*, et qui est l'expression des rapports résultant de la nature même des êtres et des choses.

— Pour moi, s'écria un auditeur, je ne demande pas mieux que de suivre ce droit-là. Mais qui viendra nous le révéler? A quels signes le reconnaîtrons-nous? Ce droit *émané de Dieu* ne serait-il, à vrai dire, qu'une émanation de M. Victor Considérant? Voilà qui serait déplorable!

Et le public d'éclater de rire.

Mais le grand pontife du phalanstère ne se décourageait pas pour si peu de chose.

Il expliquait le lendemain, dans un autre endroit, le mystère du travail attrayant.

— Le travail devenu un plaisir, disait-il, en vérité, la proposition sent le paradoxe, et ces deux mots hurlent de se trouver ensemble. Oui, en apparence, mais non en réalité. Car, je vous le demande, le bal n'est-il pas, sans contredit, un plaisir et des plus vifs ? Cependant, lorsqu'on y réfléchit, quoi de plus maussade et de plus fatigant que de marcher, courir, sauter toute une nuit dans une chambre ? On me payerait cher, je vous le jure, pour me livrer à cet exercice, s'il n'avait avec lui quelque chose qui le rend plaisir. Ce quelque chose, c'est la compagnie de belles jeunes filles, dont chacun se dispute les doux regards; c'est la présence de nos amis; ce sont les douces causeries, c'est la musique encore. Eh bien, ne remar-

quez-vous pas que tous ces accessoires qui
font de la danse, triste travail par lui-
même, une chose si pleine d'attraits, nous
pouvons les introduire dans nos ateliers?
Rien ne nous empêche d'avoir près de
nous, au milieu de nos groupes de travailleurs, nos mères, nos amis, nos amantes
rien ne nous empêche encore, dans es
moments de fatigue, de nous aider de la
musique, de stimuler l'émulation de chacun: Nous pouvons aussi avoir des ateliers
propres, convenables, bien aérés, et dès
lors, je vous le demande, travailler dans
de semblables conditions ne sera-ce pas
un plaisir? Quand elles seront réalisées, le
travail sera de bon ton; l'oisiveté sera
méprisée, et, s'il existe encore des mal-
faiteurs, soyez sûrs qu'on les condam-

-nera non au travail, mais au repos forcé.

Monsieur Victor se rengorgeait après cette aimable tartine, pensant avoir convaincu tout l'auditoire, quand un personnage à l'œil moqueur demande la parole.

C'est Alfred Darimon, l'ex-secrétaire de Blanqui, passé depuis quelques semaines au service de Proudhon.

Il a déjà quelque chose de la logique serrée du maître.

— Permettez-moi, dit-il à Considérant, de réfuter vos sophismes. Quand bien même on pourrait rendre le travail attrayant, j'en serais désolé pour deux raisons : la première, c'est que, tel où il est, le travail contribue essentiellement à la dignité et à la moralité de l'homme. J'ajoute qu'il est impossible que le travail, quel qu'il soit, puisse s'accomplir sans attention, c'est-à-dire sans effort, sans fatigue. Le propre de la distraction, de la récréation, c'est de permettre à l'esprit et au corps de se détendre tout à son aise; le propre du travail, c'est de les contenir, de les fixer, de les appliquer à un même objet. Vous ne changerez point cela. Variez donc, tant qu'il vous plaira, vos exercices; prenez tour à tour, comme le conseille Fourier, la plume, la bêche ou le rabot; travaillez à côté de vos femmes, de vos *génétrices* ou de vos *pagesses;* cuisez le pain en cadence, ou faites des bottes au son de la flûte et du flageolet, il arrivera

toujours de deux choses l'une : ou les travailleurs auront les doigts et l'esprit à la
besogne, et, dans ce cas, les concerts et
les conversations dont ils seront entourés
ne seront pour eux qu'une fatigue de
plus, par l'effort qu'il leur faudra faire
pour se soustraire à cette distraction; ou
bien ils prêteront l'oreille aux bavardages
et à la musique, et, dans ce cas, ils ne fe-
ront rien qui vaille. Maintenant, voulez-vous ma seconde raison? La voici.
Vos phalanstériens, en supprimant la
peine qui accompagne le travail, suppri-
meraient en même temps la douceur du
repos auquel il nous prépare. Le plaisir
et la peine ne nous sont agréables et
pénibles que par la comparaison que nous
faisons de l'un à l'autre. Rien ne serait

plus fastidieux que de s'amuser toujours; rien de plus facile à amuser que l'homme laborieux, rien de plus difficilement amusable que celui qui se promène tout le long du jour de distraction en distraction.

Notre impartialité d'historien nous force à déclarer que M. Victor ne trouva point de réponse à ces arguments.

Il resta bouche close, et l'auditoire le bafoua.

Mais ce grand apôtre était vraiment incorrigible, ce qui arrive presque toujours à ceux qui ont trouvé moyen de remplir leur bourse avec une doctrine creuse,

Ne s'avisa-t-il pas, un soir, d'aborder la question saugrenue des amours phalanstériennes?

Ce fut une bouffonnerie splendide.

Il débuta par montrer tous les marmots de la commune sociétaire logés à l'entresol, et ayant la faculté de voir *quelquefois* les auteurs de leurs jours, qui peuvent communiquer avec eux ou s'en isoler, suivant leurs convenances.

— Diable! fit un interrupteur, voilà des convenances bien inconvenantes!

M. Victor sourit gracieusement et continua :

— De l'entre-sol, dit-il, dès qu'il est devenu pubère, l'enfant monte au premier.

Il entre, si c'est un garçon, dans le quartier des *vestels*, si c'est une fille, dans le quartier des *vestales*. Toutes les jeunes filles resteront parfaitement sages, tant qu'il leur plaira de l'être et qu'aucun *vestel* ne leur aura plu. Jusque-là, elles se distinguent en *vierges d'apparat*, en *vierges d'harmonie*, en *vierges de talent* et en *vierges de faveur*.

— Peste ! vous aurez donc aussi les onze mille vierges ? s'écria le même personnage, en éclatant de rire.

— Citoyen, reprit Victor choqué, *vierge* ici n'est qu'un mot, puisque tout à côté de ces jeunes filles marchent les jeunes garçons qui accomplissent avec elles les fonctions de l'entraînement,

— Oh ! oh !

— Et qu'elles prennent pour époux, sans maire, sans notaire et sans curé, passant ainsi du *vestallat* au *demoisellat*.

— Mais pourquoi ce nom de *demoisellat*, et pourquoi pas *mariage* ?

—Parce que l'un n'est pas la même chose que l'autre. Le *demoisellat* est un mariage, si vous le voulez ; ce n'en est pas un, si vous ne le voulez pas. Etes-vous de la série de *constance*, vous ne choisissez qu'une femme, et vous vivez avec elle jusqu'au tombeau. Appartenez-vous, au contraire, à la série de la *papillonne*, vous laissez demain votre vestale, et vous en allez prendre une seconde, puis une troisième, etc,

— Fort bien! mais si je suis de là série de *fidélité* et que ma femme cultive la *papillonne*, j'entrerai nécessairement dans la série des... Sganarelles.

— Allons donc! fit un autre assistant goguenard, pure objection de civilisé! La série que vous dites n'existera pas dans le phalanstère. Tous les époux étant plus ou moins... Sganarelles, aucun d'eux ne le sera en définitive, et il n'y aura point de bâtards, puisqu'il n'y aura pas d'enfants légitimes.

— C'est parfaitement clair, dit M. Victor, ne comprenant pas, ou ne voulant pas comprendre qu'on se moquait de ses harangues.

Exposer de pareilles théories, c'est en faire voir le ridicule odieux, l'étrange et déplorable immoralité. Donc il est superflu de les combattre et de se mettre en frais d'indignation pour si peu.

Tout récemment en Belgique, M. Victor a dit le dernier mot de sa doctrine.

Il y avait déjà, dans une première conférence, établi ses principes fondamentaux avec la diffusion qui lui est propre; mais les néophytes liégeois n'avaient pas compris du premier coup les développements héroïques de la sensualité sociétaire.

— Tranchons le mot, dit alors Considérant : dans les idées du maître, maigrir est un crime ; la fièvre est un blasphême, et

la mélancolie est un sacrilége. Plus vous
pesez, plus vous êtes saint. Soyez gras,
joufflu, rose; digérez les truffes et le Clos-
Vougeot; prenez des glaces quand il fait
chaud, du punch quand il fait froid. Ayez
un bon lit de plumes, des tapis sous vos
pieds, une bonne voiture, voilà l'élixir de
l'évangile phalanstérien.

Notez que tout ceci est textuel. Nous
ne changeons rien au discours de l'apôtre.

Le journalisme satirique faisait bonne
justice de ces prédications matérialistes et
châtiait de son mieux ces épouvantables
extravagances.

Chaque jour voit nos sociaux
Nous octroyer des mots nouveaux.

Hier, c'était le Proudhonisme,
Puis vint le Considérantisme ;
On nous a fait voir l'Échangisme
Et nous nageons dans l'Absurdisme.
Il ne faut pas s'en étonner,
Et nous devons bien pardonner
Aux barbares le barbarisme.

On vit, un jour, entrer, rue de Beaune, une députation assez nombreuse d'Anglais touristes, empressés de rendre hommage aux gloires du phalanstère. Ils répondirent à une chaleureuse improvisation du grand pontife, en s'écriant :

— Oh ! *retornez-vos ! retornez-vos ! Nos* étions venus pour voir votre *perfectionnement !*

Ils parlaient de la queue phalanstérienne, ornée d'un œil au bout.

Monsieur Victor ne put les satisfaire.

Il perdit beaucoup dans l'estime de ces honnêtes fils d'Albion.

Vers cette époque, le club fouriériste eut l'audace d'imprimer un libelle ayant pour titre : *Jésus-Christ devant le conseil de guerre.* Ce scandaleux factum inspira les strophes suivantes :

A notre Christ, — Dieu leur pardonne! —
Ils se comparent, ces mutins,
A ce Rédempteur qu'environne
L'auréole aux rayons divins.

Ces apôtres des jouissances
Et des systèmes attrayants,
Ils osent au Dieu des souffrances
Offrir leurs impurs *mouvements!*

Quoi! ces hommes à l'œil farouche
L'envie et la révolte au cœur,
Et toujours l'injure à la bouche,
Parleraient au nom du Seigneur!

Ces disciples aux mots stériles
Se lapident par leurs écrits;
Ils causent des Saints-Évangiles
Comme de leurs *premiers-Paris.*

On n'entendait au vrai Calvaire,
Où brûlait un céleste feu,
Que le bruit saint de la prière,
Qui de la croix montait à Dieu.

Sur leur Montagne, ils hurlent, jurent,
Ceux que l'enfer rejetterait,
Et ces démons se défigurent
Où le Christ se transfigurait.

On peut dire que les prédications

odieuses de la *Démocratie pacifique* con-
tribuèrent pour beaucoup aux sanglantes
journées de Juin.

Considérant vit s'engager la lutte avec le
plus grand calme.

Une part lui était réservée sans doute
dans un triomphe destructeur de la société.

Le combat durait depuis deux jours.
Paris nageait dans le sang, l'épouvante
saisissait tous les cœurs. Une dizaine de
personnes, réunies aux bureaux du journal, s'entretenaient de ces événements
affreux. C'étaient des adeptes pour la plu-
part. On entendait le canon gronder, la
fusillade retentir. Victor Considérant, seul,
paraissait indifférent et froid.

— N'est-ce pas horrible, lui dit un de ses disciples, de songer que des êtres humains, à propos d'idées, chimériques peut-être, s'égorgent avec une telle fureur? Cela ne vous émeut donc point?

— Vous ne serez jamais qu'un enfant! répondit le maître en haussant les épaules. Ne reconnaissez-vous pas la théorie de l'attraction passionnelle? Ceci en est l'application pure et simple. Deux passions opposées s'entrechoquent et se brisent: laissez faire!

Tôt ou tard l'opinion, devait détruire et replonger au néant les sectes impures, qui avaient l'outrecuidance de vouloir substituer à notre civilisation chrétienne, dans

6

l'intérêt de quelques ambitieux, une forme de société nouvelle, au risque d'ouvrir pour nous des abîmes.

Une réaction s'opéra chez tous les hommes sages. Ils se reconnurent et se rallièrent.

Bientôt le socialisme phalanstérien s'éteignit sous l'indifférence; les prosélytes ne vinrent plus, et la caisse se vida.

Néanmoins l'industrie du chef de cette église mourante la soutint quelque temps encore. Grâce à son journal et à une affiliation de plus en plus directe aux membres de la Montagne, Considérant parvint à se faire élire de nouveau à l'Assemblée législative.

Mais son séjour y fut de courte durée.

On le vit tout naturellement prendre part à la conspiration du 13 juin, après l'insuccès de laquelle il se réfugia chez nos bons alliés d'outre-Manche.

La Cour de Versailles le condamna par contumace à la déportation.

Privé de son pilier fondamental, la *Démocratie pacifique* agonisa jusqu'au 2 décembre, et mourut.

Sur les rives de la Tamise, monsieur Victor parvint à faire de nouvelles recrues pour l'idée fouriériste.

Un Anglais, Albert Brisbane, consentit à l'accompagner au Texas et à payer de ses deniers une nouvelle expérimentation phalanstérienne aux environs de la rivière

Rouge, où le gouvernement de l'Union américaine leur concéda, gratis, douze à quinze mille acres de terrain.

Ce dernier essai eut encore des résultats plus décisifs que les précédents.

Il ne dura que cinq mois et dévora un petit million.

Dans tous ces cataclysmes financiers, monsieur Victor ne compromet pas sa fortune personnelle. Il capitalise prudemment ses rentes et recueille çà et là des legs splendides, que lui font, en mourant, quelques adeptes têtus.

On nous assure que la princesse Belgiojoso, la même qui a combattu aux barricades de Rome contre les troupes françaises, vient de faire passer sur la tête de Considérant, par un fidéi-commis, la totalité de son immense fortune.

Aimable phalanstérienne !

Vous voyez que, depuis son retour à Londres, M. Victor n'est pas à plaindre.

Il jouit de l'amitié de la princesse, de l'estime particulière de Mazzini, et fait chorus de républicanisme écarlate avec le citoyen Vasistas.

FIN.

Paris. — Typographie de Gaittel et Cie, rue Git-le-Cœur, 7.

Monsieur,

J'ai l'honneur de vous adresser selon ma promesse, les trois premiers et seuls exemplaires brochés du volume de Chansons de m. Festeau, que nous sommes sur le point de publier.

La vignette qui a soulevé la difficulté se trouve vis-à-vis de la page 283.

Soyez assez bon, Monsieur, pour nous en porter, si possible, le jour où vous pensez que nous serons autorisés à mettre en vente.

Recevez, Monsieur, avec mes remerciements, l'assurance de notre considération distinguée

Considérant

Imp. Lith. de V. Janson, rue Dauphine 18, Paris

OEUVRES COMPLÈTES

DE

VICTOR HUGO

19 VOL. IN-8 PAPIER CAVALIER VÉLIN

ÉDITION DE LUXE

ORNÉE DE 100 GRAVURES SUR ACIER ET SUR BOIS

D'APRÈS

Johannot, Gavarni, Raffet, A. Beaucé, etc.

ET D'UN BEAU PORTRAIT DE L'AUTEUR

Prospectus

L'initiative du mouvement littéraire appartient encore à Victor Hugo.

Celui que Chateaubriand avait baptisé du nom d'enfant sublime reste le poëte le plus incontesté, l'artiste le plus original de notre temps. Lyrique, dramatique, archéologue, orateur, il est toujours lui-même ; son génie ne perd pas dans la variété la force de l'empreinte : c'est toujours la même puissance d'inspiration, la même vigueur de tempérament.

Quoique le succès des *Contemplations* nous interdise d'assigner une limite à son œuvre, le moment semble venu de la présenter dans son ensemble, pour en faire mieux juger et admirer les proportions.

Aussi n'avons-nous rien négligé pour que cette édition répondît à la renommée de l'auteur et à l'empressement du public.

Cette nouvelle édition des œuvres complètes de Victor Hugo comprendra, outre toutes les œuvres contenues dans l'édition Furne de 1841, toutes celles parues en France depuis cette époque et dont le détail est ci-contre. La tomaison par genre d'ouvrages que nous adoptons permettra d'ajouter successivement les nouveaux ouvrages de l'auteur, à mesure qu'ils se produiront.

CONDITIONS DE LA SOUSCRIPTION

L'ouvrage formera 19 volumes in-8° papier cavalier vélin, imprimés en caractères neufs. L'édition sera ornée d'un portrait de l'auteur et de 100 vignettes, gravées sur acier et sur bois d'après GAVARNI, JOHANNOT, RAFFET, BEAUCÉ, etc. Elle sera publiée en 380 livraisons, composées de 16 pages avec gravures ou de 24 à 32 sans gravures.

PRIX DE CHAQUE LIVRAISON : 25 CENT.

Il paraît une ou deux livraisons par semaine.

ON SOUSCRIT AUSSI PAR VOLUMES BROCHÉS AVEC GRAVURES

PRIX DE CHAQUE VOLUME : 5 FR.

Il paraît un volume par mois.

ON SOUSCRIT A PARIS

CHEZ ALEXANDRE HOUSSIAUX, ÉDITEUR

RUE DU JARDINET-SAINT-ANDRÉ-DES-ARTS, 3

GUSTAVE HAVARD, LIBRAIRE, RUE GUÉNÉGAUD, 15

Et chez tous les libraires de Paris et des départements

CONTENU DE L'ÉDITION

POÉSIE

TOME I
Odes et Ballades.

TOME II
Les Orientales.

TOME III
Les Feuilles d'Automne.
Les Chants du Crépuscule.

TOME IV
Les Voix intérieures.
Les Rayons et les Ombres.

TOMES V ET VI
Les Contemplations.

—◦◦—

ROMAN

TOME I
Han d'Islande.

TOME II
Bug-Jargal.
Dernier Jour d'un Condamné
Claude Gueux.

TOMES III ET IV
Notre-Dame de Paris.

DRAME

TOME I
Cromwell.

TOME II
Hernani.
Marion Delorme.
Le Roi s'amuse.

TOME III
Lucrèce Borgia.
Marie Tudor.
Angelo.

TOME IV
Ruy Blas.
Les Burgraves.
La Esméralda.

—◦◦—

ŒUVRES DIVERSES

TOME I
Littérature et Philosophie.

TOMES II, III ET IV
Le Rhin.
Lettres à un Ami.

TOME V
Œuvres oratoires 1840-1850.

Le prix de 5 fr le volume n'est que pour les souscripteurs à cette nouvelle édition. Les *Œuvres oratoires* et les *Contemplations*, formant trois volumes, qui paraîtront dans le cours de la Souscription, et qui sont le complément de l'édition Furne en 16 volumes, — se vendront, les trois volumes ensemble. au prix de 18 fr.

LA VÉRITÉ POUR TOUS

JOURNAL CRITIQUE ET LITTÉRAIRE

BUREAUX A PARIS, RUE MONTMARTRE, 55

———

Le titre de ce nouveau Journal indique suffisamment quelles doivent être ses tendances, dans un siècle de mensonge, d'agiotage et de matérialisme.

Ses rédacteurs ne se nomment pas.

Ou ils tiennent à se laisser deviner, ou ils se croient trop peu célèbres pour attirer le public à l'amorce de leur nom.

QUI LIRA VERRA

———

Le Journal *LA VÉRITÉ POUR TOUS* paraîtra le jeudi de chaque semaine, et le premier numéro sera publié le jeudi 10 décembre 1857.

———

Ou s'abonne à Paris, rue Montmartre, 55.

———

Le Journal se vendra :
Chez GUSTAVE HAVARD, LIBRAIRE, 15, rue Guénégaud, et boulevart Sébastopol (rive gauche).
Chez tous les MARCHANDS DE JOURNAUX de Paris.
Et chez
TOUS LES LIBRAIRES DE FRANCE ET DE L'ÉTRANGER.

———

Un Numéro — Trente centimes

PRIX DE L'ABONNEMENT :

POUR PARIS

Un an, **16 francs**. — Six mois, **9 francs**.
Trois mois, **5 francs**.

POUR LES DÉPARTEMENTS

Un an, **18 francs**. — Six mois, **10 francs**.
Trois mois, **6 francs**.

POUR L'ÉTRANGER

Le port en sus, selon les pays.

Envoyer, pour le prix de l'abonnement, une *valeur sur Paris* ou un *mandat sur la poste* à M. Viriot, administrateur-gérant de la VÉRITÉ POUR TOUS, rue Montmartre, 55. (*Affranchir*.)

NOTA. Les personnes qui ajouteront DEUX FRANCS à leur abonnement et qui s'abonneront pour un an, d'ici au 1er janvier prochain, recevront franco, comme étrennes et comme témoignage de gratitude, le magnifique ouvrage des *Confessions de Marion Delorme*, par Eugène de Mirecourt, deux volumes de chacun 500 pages grand in-octavo, cotés DIX FRANCS nets en librairie.

PETITES
CAUSES CÉLÈBRES

DU JOUR

PAR FRÉDÉRIC THOMAS

Prix : 50 centimes le volume.

Il paraît un vol. par mois. — Douze vol. par an.

Les souscripteurs à douze volumes les recevront FRANCO à domicile, au fur et à mesure de leur publication, en payant d'avance. — *Neuf volumes sont en vente.*

PARIS, 6 FR. — DÉPARTEMENTS, 8 FR.

VOLUMES A 50 CENTIMES
AVEC GRAVURE.

LES BINETTES
CONTEMPORAINES

PAR

JOSEPH CITROUILLARD

REVUES PAR COMMERSON

Soixante portraits par NADAR.

Dix volumes à 50 centimes.

Le même ouvrage est publié en deux volumes
à 2 fr. 50 c.

LES
BALS PUBLICS
A PARIS

ÉTUDE PARISIENNE

PAR VICTOR ROZIER

Un fort volume in-32. — Prix: 1 fr.

LES CONFESSIONS

DE

MARION DELORME

PAR

EUGÈNE DE MIRECOURT

CONDITIONS DE LA SOUSCRIPTION.

Les *Confessions de Marion Delorme*, par Eugène de Mirecourt, formeront 2 vol. grand in-8° jésus.

20 gravures sur *acier* et sur *bois*, tirées à part, dessinées et gravées par les meilleurs artistes, il-

lustreront cet ouvrage, qui sera publié en 60 livraisons à 25 cent.

Chaque livraison contient invariablement 16 pages de texte. Les gravures sont données en sus.

Une ou deux livraisons par semaine.

L'ouvrage complet 15 francs.

ON SOUSCRIT A PARIS

Chez GUSTAVE HAVARD, Éditeur

15, rue Guénégaud, 15

Et chez tous les Libraires de la France et de l'étranger.

9 7 8 2 0 1 1 8 7 8 3 3 5